तवाज़ुन

इफ़रात-ओ-तफ़रीत

महेंद्रकुमार

BookLeaf Publishing
India | USA | UK

Made with ❤ on the BookLeaf Publishing Platform
www.bookleafpub.in
www.bookleafpub.com

Dedication

ये सारी कविताएँ, शायरियाँ, पंक्तियाँ और लफ्ज़ हरेक उस व्यक्ति के लिए है जो इस दुनिया में

कभी तो हारा है,
कभी तो मरा है,
कभी प्रेम में इंतज़ार करा है,

कभी प्रेम में चिड़ा है,

गुस्सा हुआ है,
समाज से परेशान हुआ है,
रीति रिवाजों से दुखी हुआ है,
स्वयं को बंधा हुआ महसूस करा है।

सरल भाषा में,
सभी सिरफ़िरो, आशिक़, गरीब, और मेहनती लोगों को समर्पित।

Preface

मैं, महेंद्रकुमार, फिर से आप सभी के लिए एक और पुस्तक ले आया हूँ। ।

सारी की सारी कविताएँ, सभी पंक्तियाँ मेरी ही द्वारा लिखी गयी हैं। मेरा ये एक छोटा-सा प्रयास है कि हिंदी भाषा में ऐसी पंक्तियाँ, ऐसी कविताएँ जो कि लगभग लुप्त होने की कगार पर हैं ये सब जीवित रहें, मेरी हिंदी जीवित रहे, इसलिए मैं लिखता रहता हूँ ताकि कुछ चुनिंदा पढ़नेवाले लोग पढ़ते रहें।

शब्द मेरे हैं, तुक मेरा हैं, रचनाएँ मेरी हैं परन्तु इन सबके पीछे एक प्रेरणा हैं, एक ताकत हैं, एक हमेशा उत्साह बढ़ाने वाली अदृश्य शक्ति हैं।

मैं आभार मानता हूँ सभी का, सभी चाहने वालों का, नफरत करनेवाले का, पढ़ने वालों का, और पढ़कर नुस्ख निकालने वालो का। इतना कहकर समाप्त करना चाहता हूँ, बाकी बातें, बाकी विषय कविताओं में, मेरी पंक्तियों में हैं।

Acknowledgements

इस पुस्तक की सारी कविताएँ, पंक्तियाँ मेरे द्वारा सोची गई और उकेरी गई हैं|
इन कविताओं का, पंक्तियों का ना ही किसी धर्म से, ना ही किसी जाती से, ना ही किसी नस्ल से, ना ही किसी वर्ण से, ना ही किसी लिंग से, ना ही किसी राजनितिक सोच के चलते, ना ही किसी वस्तु-विशेष से, ना ही किसी राज्य-विशेष से, और ना ही किसी व्यक्ति-विशेष से कोई भी संबंध हैं|

ये कविताएँ, ये पंक्तियाँ केवल और केवल मेरी खुद की कल्पनाएँ और भावनाएँ हैं|

अगर किसी भी प्रकार से, कोई भी कविताएँ, या पंक्तियाँ, किसी वजह से किसी प्रसंग या किसी के जीवन से थोड़ी-बहुत या पूरी तरह से भी मिलती हैं तो ये ईश्वर का चमत्कार हैं और मैं ज़रूर उस व्यक्ति से मिलना चाहूँगा, जिस व्यक्ति से मेरी कोई भी कविता, या पंक्तियाँ मिलती-जुलती हैं| अगर मिलना नहीं हुआ और वो इंसान मेरी ओर से क्षमा की अपेक्षा रखता हैं तो मैं भी मान मुड़ा कर, शीश झुकाकर और मन-वचन, काया से क्षमा माँगता हूँ|

और हाँ क्षमस्व, अगर कोई शब्द, कोई भी तुक, कोई भी पंक्ति किसी और कवि, लेखक, शायर या किसी और रचना से मिलती हो तो, परंतु मैं केवल ये कह सकता हूँ कि वो एक अजीब-सा संयोग ही होंगा, अगर ऐसा हुआ है तो बहुत-बहुत क्षमा।

प्यार

कई दफा मन में आया ये सवाल,
कि क्या है ये प्यार?
दो दिलों का मिलना,
दो मनों का जुड़ना या
कुछ और ही, जादू-टोना या चमत्कार?
समझ नहीं आता,
पर हाँ,
बंधन तो नहीं है,
बंधन तो बिल्कुल नहीं है,
वरना क्यों होता कोई किसी के लिए इतना बेक़रार?

परंतु,
फिर से मेरा वही प्रश्न है, कि
क्या है ये प्यार?
कहीं मोह तो नहीं,
कहीं आकर्षण तो नहीं,
या है कोई लाइलाज़ आज़ार,
पता है कि,
हवस तो नहीं,
हवस तो बिल्कुल नहीं है,

वरना देव-कृष्ण के गरम दूध पीने पर
देवी-राधा ना होती बीमार।

मान लिया,
फिर भी सवाल जस-का-तस है, कि
क्या है ये प्यार?
किसी को पाने की लालसा,
किसी को अपनाने का जुनून या
किसी पर ख़ुद का पूरा का पूरा अधिकार,
खुदगर्ज़ तो लगता नहीं है,
खुदगर्ज़ तो बिल्कुल नहीं है,
वरना देवी-सीता ना सहती वियोग, वो वनवास,
वो अशोक वाटिका और
उन्हें लेने श्रीराम ने जाते दूर सागर पार।

फिर भी,
फिर भी मन शांत नहीं हुआ है,
आत्मा तृप्त नहीं हुई है,
एक बार और बताओ,
मुझे साधारण भाषा में समझाओ,
कि क्या है ये प्यार?
लोग पागल है,
लोग दीवाने है,
कहीं ये अंधा तो नहीं,
बहरा तो नहीं,
किसी तरह का मादक नशा तो नहीं
या

क्या है ये कोई स्याह-सा अंधकार?

सुनो,
फिर से सुनो,
कान खोलकर सुनो,
ना प्यार छल है,
ना छलावा,
ना भूल है,
ना भुलावा,
ना डर है,
ना डरावना,
वरना दो दिल,
दो मन,
दो प्यार करने वाले कैसे कर पाते
एक-दूसरे का इतना इंतज़ार,
एक-दूसरे से मिलने की वो कशिश,
एक-दूसरे का भला हो ऐसी सोच,
दो जिस्म और
एक रूह,
वो आलिंगन और
वो राहत,
हमेशा एक-दूसरे का सम्मान और
एक-दूसरे का सत्कार।

ऐ कवी,
अब थोड़ा-थोड़ा समझ आया मुझे कि
क्या है ये प्यार,

प्यार मुक्ति है,
प्यार है आज़ादी,
प्यार शक्ति है और
है ये करुणा का भंडार,
प्यार मान है,
प्यार अभिमान है,
प्यार निःस्वार्थ है,
और
है एक-दूसरे का ये आधार।

ये दुनिया

अजीबो ग़रीब है ये दुनिया,
दोगली है ये दुनिया,
खोखली है ये दुनिया,
चिड़िया का घोंसला उजाड़ो तो गालियाँ,
वहीं मकड़ी का जाला निकालो तो तालियाँ,
सड़क पर दो प्यार करने वाले दिख जाए तो
उनके प्रेम में लाखों बुराइयाँ,
पर
वही दो लोग लड़ते दिख जाए,
तो कोई बीच में ना पड़े और
फिर भाड़ में जाए सारी बुराइयाँ,

अजीबो ग़रीब है ये दुनिया,
दोगली है ये दुनिया,
खोखली है ये दुनिया,
जीते-जी अपने बुजुर्गों को दे गालियाँ, और
मरणोपरांत,
दो भाजी, ढेर सारे व्यंजन और
रसमलाईयाँ,
सच बोलो,

सच ही जीवन है, और
जब सच बोलो तो चुभ जाती है इन्हें ढेर सारी सलाइयाँ,
दूसरे की सफलता पर,
मन में बैर रख कर,
दिल में जलन रख कर,
ये सारे देते हैं ढेरो बधाइयाँ।

अजीबो ग़रीब है ये दुनिया,
दोगली है ये दुनिया,
खोखली है ये दुनिया,
छल-कपट से भरी है,
घृणा से धरी है,
पूरा समय चलती है इनकी चालाकियाँ,
काला है इनका मन,
काला है इनका दिल, और
इतना काला की गोरी लगे इनकी परछाईयाँ,
ना रिश्तों की क़द्र,
ना संबंधों का सम्मान,
किसी की पीठ हुई कि
करने लगे बुराइयाँ,

ये कैसा समाज बन रहा है,
इंसान ऐसा-कैसा ढल रहा है,
ना कृष्ण-सुदामा सी दोस्ती है,
ना राधा-कृष्ण जैसा प्रेम,
ना है परोपकार की भावना,
ना ही कोई इंसानियत और

ना ही टिक रही है कोई अच्छाईयाँ,
अजीबो ग़रीब है ये दुनिया,
दोगली है ये दुनिया,
खोखली है ये दुनिया।

वाह रे मोबाईल

छीन लिया है बच्चों से बचपन,
जान-जवान लड़के-लड़कियों से उनका
लड़कपन,
और
तू यहाँ ना रुका,
ना तू थमा,
तूने तो छीन लिया बुर्जुर्गों से भी उनका पचपन,
बच्चे अब भूल गए है गिल्ली-डंडा, कंचे, भँवरे, लगोरी, और
लुका-छिप्पन,
घर में,
एक अकेले कमरे में,
आँखे गढ़ाए बैठे है एक जगह पर जैसे चल रहा हो
किसी का शोक-मिलन,

वाह रे मोबाईल,
कुँआरों का तो क्या कहना,
ख़ून तो खौलना दूर,
टूट-सा गया है, बिखर-सा गया है
इनका यौवन,
ना इनके कोई सच्चे संगी-साथी,

ना कोई जान देने वाला यार या दोस्त,
छिन्न-भिन्न,
फटे से कपड़े, और
अधूरा इनका जीवन,
अदाए दिखाने के चक्कर में भूल रहे है ये मर्यादाये,
छिपाने के बदले दिखा रहे है ये सब अपना अंग-बदन,
हर कोई नाच रहा है,
गा रहा है,
पर कोई नहीं है वो पुराने मैदान में,
वो बाग में,
वो बगीचे में, और तो और
सुना पड़ा है
घर का आँगन।

वाह रे मोबाईल,
दादा-दादी, नाना-नानी से ना थी ये अपेक्षा,
पर वो भी ना निकले कुछ कम,
कमर उनकी झुकी हुई थी,
अब गर्दन झुकाए बैठे,
पता नहीं क्या खोजते रहते है, क्या देखते रहते है
उस जादुई डिब्बें में हरदम,
एक माँ- बाप ही है जो डाँटते-डपटते है,
चिल्लाते है थोड़ा, पर
उनकी आवाज़ में भी कहाँ रह गया है दम,
वे ख़ुद भी उसी में डूबे रहते है,
घंटों उसी में खोए रहते है तो
दूसरो को कुछ भी बोलने में आती है उनको शर्म।

वाह रे मोबाईल,
सफ़ाई में इसे बेचने वाले, बनाने वाले कहते है कि
दुनिया मुट्ठी में, और
अकेले में लगा रहता है मन,
अरे, किसी और को चकमा देना,
स्वयं के मन को बहला- फुसला लेना,
तुम्हें भी पता है कि
बेदाग नहीं है तुम्हारा दामन,
स्मार्ट बताकर मोबाइल फ़ोन ने हमको जकड़ लिया है,
हमको पकड़ लिया है,
तुम एक लत हो,
तुम एक तलब हो,
तुम हो एक नशे का सामान,
पर अब ये मानव ख़ुद को बचाए कैसे,
इस लत को छुड़ाए कैसे,
बिना इसके तो मर जाएँगा वो, और
चली जाएँगी उसकी जान,
टूट जाएँगा उसका घमंड और
बिना मोबाइल फ़ोन के हो जाएँगा
उसका
समाज में अपमान।

ख़ुदकुशी

प्रेयसी बोली,
केवल ज़हर की शीशी को पता था कि
पीनेवाला प्यास से नहीं तड़प रहा था,
उन बीतें, कल-परसों के पलों को पता था कि
क्यों वो हर बात पर भड़क रहा था,
दुनियाँ ने उसके ना रोने पर,
उसके आँसू ना बहाने को उसका कड़कपन समझा,
उन अनजानों को क्या पता कि
वो भले ही रोता नहीं था पर
फिर सोता भी नहीं था।

मित्र बोले,
कमज़ोर नहीं था वो,
सामना तो बखूबी किया,
वक़्त से लड़ा,
जग से भिड़ा,
तूफ़ानों में खड़ा रहा,
गिरा-पड़ा,
उठा,
फिर गिरा, फिर पड़ा, पर

पड़ा ना रहा,
शायद थक गया था,
या थमना चाहता था,
या फिर रुकना चाहता था,
अब तो केवल उस चारपाई को पता था कि
तिरछा-सा लेटा हुआ वो हमेशा के लिए सोना नहीं चाहता था।

लोग बोले,
क्या पता,
किसको पता,
प्यार में धोखा, या
गिरता-संभलता विवाह, कि
नौकरी- धंधे में तनातनी, या
कुछ और कारण,
जो भी था,
बताता,
एक बार सुनाता,
समझाता,
जताता,
बोलता,
हिम्मत दिखाता,
ऐसा क्यों किया?
अब वजह तो केवल वही जानता है जो उसके सीने में धड़क रहा था,
पर,
ये क्या बात हुई,
बिन बताए ऐसा कुछ करना,
पीछे, अपने पीछे, अपनों को छोड़ना,

उनपर क्या बीतेंगी,
उनका ख्याल कौन रखेंगा,
उनकी देखभाल कौन करेंगा,
ये तो बेख़ुदी हुई,
स्वार्थ हुआ,
कुछ राह ना मिली तो कायरता कर दी,
उस माँ का क्या जो राह ताक रही थी?
उस पिता का क्या जिसके अब कंधे झुक चुके है?
उस परिवार का क्या जो इसकी आस में था?
उन मित्रो- दोस्तों का क्या जो इसका इंतज़ार कर रहे थे?
अब वो आँगन सूना,
अब वो गोद सूनी, और
सजन की आँखों में,
पानी ही पानी।

मैं ख़ुद ही ख़ुद से बोला,
ख़ुद के मांस का टुकड़ा- टुकड़ा देने के बाद,
खून-पसीने का कतरा-कतरा देने के बाद,
ग़र मैंने ख़ुद की हड्डी बचा ली तो क्या मैं खुदगर्ज़ हो गया?
केवल ज़हर की शीशी को पता था कि
मैं प्यास से नहीं तड़प रहा था,
केवल मेरी चारपाई को पता था कि
तिरछा-सा लेटा हुआ मैं हमेशा के लिए सो नहीं रहा था,
केवल उन आग की लपटों को पता था कि
उस ज्वाला में समाया हुआ मैं ठंड से नहीं ठिठुर रहा था,
केवल उसे पता है कि
मैं मरना नहीं,

जीना चाहता था,
मैं गुज़रना नहीं,
मैं ठहरना चाहता था,
मैं हारना नहीं,
जीतना चाहता था,
मैं उबरना नहीं,
इस दुनिया में
उभरना चाहता था।

इंतज़ार

तेरी काली घटा-से गेसूओं में,
पिछले कुछ समय से, बिजलियाँ चमक रही है,
चाँद-जैसे मुखड़े पर झलकती ये झुर्रियाँ,
तेरे अनुभव से दमक रही है,
गरम-ठंडा-मीठा-खट्टा खाने से
तेरे मुख से आह निकल रही है,
और कितना इंतज़ार करना पड़ेंगा तेरे साथ का,
अब तो
हमारी भी जान निकल रही है।

भूलने भी लग गई हो, थकने भी लग गई हो,
अब तो यादें भी यादें जैसी नहीं रही,
अलार्म-रिमाइंडर औषधियों के ज़्यादा है आपके मोबाइल फ़ोन में,
थोड़ी से सूजी-सूजी, फूली-फूली भी लग रही हो,
क़यामत नज़दीक है,
ज़्यादा वक़्त नहीं बचा है प्रिये,
होंठो से होंठो की और
आलिंगन की पकड़ अब कमज़ोर हो रही है,
कितना इंतज़ार करना पड़ेंगा,
कब तक अकेले ही नहाओगी,

लगता है
हाथ शायद पीठ तक नहीं पहुँचता है तुम्हारा,
गोरी-उजली सी पीठ तुम्हारी,
अब साँवली पड़ रही है।

आँखें भी कमजोर हो गई है तुम्हारी,
क़रीब का दिखता नहीं और
दूर की नज़र धुंधली हो रही है,
चाय की मिठास अब खून में चली गई है और
हड्डियाँ भी चरमरा रही है,
एक समय मेरे स्पर्श से जो साँसे तेज होती थी,
अब बेवजह वो पतली हो रही है,
कब तक इंतज़ार करूँ,
अब तो बुला लो अपने पास, पता चला है कि
अब तुम पंखा धीमा चलाती हो जबकि मई
कि लू बह रही है।

तेरे केशों की चांदी, वो उम्र की समझदारी,
वो चेहरे में छुपे ढेर सारे राज़ औ रहस्य,
तेरे कानों की बाली,
वो लबों की लाली,
बहुत फर्क नहीं पड़ा है आपमें,
समझ नहीं आता कि हो आप
आज वाली या कल वाली,
सुबूत है कि अभी भी आपको देखनेवाली सारी स्त्रियाँ
आपसे जल रही है,
तारीफ़ नहीं कर रहा हूँ,

सच बोल रहा हूँ कि उस सुर्ख लाल साड़ी में
आप सुंदर लग रही है,
खूब जँच रही है,
बहुत फब रही है,
देखा मैंने, वैसे अब भी कम ही खाती हो,
खुदपर ज़्यादा गिराती हों,
कोई बात नहीं,
आज कल वैसे भी व्यंजनों का स्वादों-ढंग बदल रहा है,
हो गया हो तो चले घर,
ख़त्म करे ये इंतज़ार की घड़ियाँ,
मैं आपकी साड़ी की पिन निकालूँ और
आप शर्म से नज़रें झुका दो,
आज की रात भूला दो समाज,
रीति-रिवाज़,
बहुत हो गया,
अब नहीं होता “इंतज़ार”,
पता नहीं आज क्यूँ मन
बहुत मचल रहा है।

माया

"माया",
जब तू मुझसे दूर गई,
जब तूने मुझे ठुकराया,
जब तूने मुझसे नज़ारे मुड़ाई-

मन तो करा कि आज ही मर जाएँ,
ख़ुदकुशी कर ले,
खुद को तबाह कर ले,
इस पृथ्वी से खुद को गुमशुदा कर ले,
या
इच्छा हुई कि रस्से का एक फंदा बना ले,
खुद को फांसी लगा ले,
उस रस्सी के फंदे से खुद का दम निकाले,
उस गाँठ से खुद को तड़पा ले,
या
एक जहर की शीशी ले,
उस ज़हर के एक-दो घूँट पी ले,
अगर लगे तो पूरी बोतल पी डाले,
इस दुनिया से अलविदा कह ले,
या

तेज़- रफ़्तार गाड़ी के सामने आ जाएँ,
किसी ऊँचें पर्वत से छलांग लगा ले,
कुछ भी करके खुद का नामोनिशान मिटा ले,
या
धारदार चाक़ू से कलाई काट ले,
रक्त तो बहने दे,
रक्त के अंतिम कतरे को सुख जाने दे,
खुद को मिट जाने दे,
या
नींद की ढेर सारी गोलियाँ खा ले,
इतनी शराब पी ले कि पहले होश और फिर जान गवाँ बैठे,
भूल जाएँ कि साँस भी लेना है,
या
किसी गहरे दरिया में डूब ले,
उस दरिया कि गहराई नाप ले,
फेफड़ों में इतना पानी भर ले कि दम भर जाएँ, और
साँसे थम जाएँ,
या
बंदूक की गोलियों से खुद को छलनी कर दे,
बारूद से शरीर को भर दे, कि
कोई मुझे बचा ना सके,
ठीक ना कर सके, और
मैं अपनी जान ले लूँ,
कि
नहीं जीना है तेरे बिना,
नहीं रहना है तेरे सिवा,
ना वो ज़ख्म सीना है और

ना ही ज़िंदा लाश जैसे रहना है,
जिसको जो कहना है कहे,
अगर मुझे तुझसे अलग ही रहना है,
तुझसे जुदा ही रहना है तो फिर
मुझे क्यों जीना है?
नहीं जीना है तेरे बिना,
नहीं रहना है तेरे सिवा,
ना वो ज़ख्म सीना है और
ना ही ज़िंदा लाश जैसे रहना है।

श्राप

वो तेरे दाएं सीने का तिल,
हमेशा जलाता है मुझे कि
वो तेरे दिल के ज्यादा पास है,
कहता नहीं हूँ मैं तुझसे कुछ,
पर कुछ कर तू अभी कि
मुझे तुझसे ही कुछ कर गुजरने की आस है,
कब तक खुद को मनाऊँ, खुद को ही समझाऊँ,
इतनी शराब पीकर भी बुझती नहीं ये प्यास है,
तेरा साथ, तेरा हाथ,
तेरा सिर मेरे सीने पर,
तेरी ज़ुल्फ़ें मेरे चेहरे पर,
तू शायद समझ ना पाएँ,
ये मरते हुए आशिक के लिए
ज़िंदगी भर का एहसास है।

कुछ क्षणों के लिए माना कि
तू मेरी नियति में नहीं है मौजूद शायद,
पर फिर केवल हम दोनों के वे क्षण क्यों ख़ास है,
तू तरसती है मेरे लिए,
मैं तरसता हूँ तेर लिए,

फिर ऐसे- कैसे हम दोनों
दो जिस्म
और
एक साँस है,
शिकायत है मुझे तुझसे,
तेरे ईश्वर से,
शिकवा है मुझे तुझसे,
तेरे रब से,
कि क्यूँ मैं तेरे
गले में फँसी एक फांस हूँ,
और
तू मेरे बिना इतनी उदास है,
मुक्त कर दूँ तुझे मैं अपनी कैद से,
अपनी ख़्वाहिशों से, बस अब यहीं
ऊपरवाले से एक आखिरी दरख़्वास्त है।

पर बता दूँ,
बिना तुझे छुए, बिना तेरे साथ रहे, तो
ये शायर केवल हाड़-माँस है,
बिना तेरे दाएं सीने के तिल को देखे,
तो ये शायर एक ज़िंदा लाश है,
ना,
नहीं समझती तू,
तूने हार मान ली है, काफी पहले से ही हार मान ली है,
तू इस जग-दुनिया- समाज के सामने परास्त है,
और मैं भी
कैसे जीत जाऊँ इस रांसार से, इन क़ानून कायदों से,

अगर मेरी ये जीत
तेरे लिए एक "श्राप" है।

तवाज़ुन

वो तेरा नए-पुराने गीतों का साथ गाना,
गुनगुनाना,
क्यों मेरा पसंदीदा गीत हर बार कोई मर्द ही जाता है,
ऐसा कहना और फिर मुँह के मुँह में बड़बड़ाना,
मुझे बिना लय के, बिना स्वरों के भी गातें सुन तो तेरा
मन ही मन खुश हो जाना,
सारे गीतकारों की,
सुंदर रचनाओं की ढेरों तारीफ़ करना और
उनको समझ पाना,
दो गीतों के बीच में विराम में आप कहते हो कि
आपको संगीत समझता नहीं,
अगले ही गीत में आँखें मूंदकर वो आपका
गीत-स्वर-सूर-ताल-धुन को समझना।

मस्ती से भरे, भाँति-भाँति के बाजों के साथ, मुखड़ा हो या अंतरा,
वो आपका हल्का हल्का सा नाचना और थिरकना,
प्यार से भरे गीतों के वक़्त वो आपका आँखों की पलकों का गिरना,
भरी भीड़ में मेरी तरफ देखकर मंद मंद मुस्कुराना,
वो तेरा आँसुंओं को पी जाना,
गला भर आएँ जब भी तु कोशिश करे जुदाई भरे गीत गाना,

मुश्किल जाएँ आपको परदेशी संगीत सुनना, पर
जैसे ही गीत के बोल समझ और
पसंद आ जाए
तो वो आपका पसंदीदा गीत बन जाना।

आपकी बदौलत ही मेरी ज़िन्दगी में "तवाज़ुन" है वरना
कोलाहल होता,
ना संगीत होता और
ना कोई गीत या गाना,
तबले की थाप ना समझती और
ना समझता गिटार बजाना,
ना बांसुरी की धुन समझती और
ना समझता मस्ती भरे गानों पर थिरकना,
पत्थर रहता था मैं,
प्यार के बोल ना बोल पाता,
दर्द में रहता हरदम
और कभी ना सीखता दिल को यूँ खोल पाना,
शुक्रगुज़ार हूँ आपका, और ता उम्र रहूँगा,
क्यूँकि
नामुमकिन था मेरी
ज़िंदगी में शांति, अमन, और
सुकून का ठहर पाना।

नादान प्रेम

जब
जहाँ सूरज, आसमान, और धरती जा मिलते है,
उसे क्या कहते है वो शब्द नहीं पता था,
जब
गणित की कक्षा में सिखाएँ गए
पहाड़े, भागाकर, गुणाकार कुछ भी नहीं समझता था,
जब
विज्ञान की कक्षा में बताई गई,
सिखाई गई परिभाषाएँ समझ से परे थी,
सिर से ऊपर चली जाती थी,
जब
भूगोल की कक्षा में दिखाए गए देश,
रेखाएँ, दिशाएँ, नक़्शे, नदी, सागर, पर्वत,
दिमाग में नहीं बैठते थे,
जब
इतिहास पढ़ाने वाले पर गुस्सा आता था कि
क्यों गड़े मुर्दे को उखाड़ा जाता था,
अब
जब
अंग्रेज चले गए है

तब
भी अंग्रेजी को क्यों कंठस्थ कराया जाता था,
जब
हिंदी-मराठी तो आती है
फिर भी क्यों उसे और चमकाया जाता था,
जब
बड़े क्या बोल रहे है,
क्या कर रहे है,
क्योँ कर रहे है,
इन सब बातों से कोई वास्ता नहीं होता था,
जब
खेलने खेलने में कब पूरा दिन निकल जाता था
ये पता भी नहीं चलता था,
कभी पतंग के पीछे,
तो
कभी गेंद और बल्ले के साथ,
कभी लगौरी, तो कभी
गिल्ली डंडा,
कुछ ना मिले तो
मैं
बोर होकर सो जाता था
जब
पचास पैसे की इमली की चटनी और
बेर का चूरण मेरे लिए सस्ता नहीं था,
जब
मलाई वाला बर्फ का गोला, या
बर्फ के गोले की डिश रोज़ खाना

मेरा उतना जेब खर्चा ही नहीं था,
जब
बचपन की मूर्खता,
बचपन की गलतियाँ,
गाल पर पड़े सनसनाते चमाटे से पता चलती थी,
तब
उस वक़्त
मेरी जान
हमें तुमसे प्यार हुआ था,
हमारा दिल आपके लिए बेक़रार हुआ था,
और
आप
अभी पूछ रहे हो
दो प्यारे से, फूल से बच्चों की माँ होने के बाद
कि
आप मुझे कभी
कभी भी
छोड़कर तो नहीं जाओंगे ना?

'गर तू कहें

'गर तू कहें
तेरी हर ख़्वाहिश पूरी कर दूँ,
तेरी हर चाहत पूरी कर दूँ,
तुझे कश्मीर की हसीं वादियों में ले चलूँ,
लेह-लद्दाख की गोद में तेरे संग खेलूँ,

'गर तू कहें,
सारे केसरों के रंगो के मेरे संग ले लूँ,
छुपा लूँ,
सारे गुलाबों की पंखुड़ियों को सहेज कर रख लूँ,
समा लूँ,
राजस्थान के सारे किले, तेरे हवाले कर दूँ
सारे महलों में तुझे राज करने दे दूँ,
सारे खजानों के ताले खुलवा दूँ,

'गर तू कहें,
गुजरात की पटोला,
महाराष्ट्र की पैठनी,
उत्तर प्रदेश की बनारसी,
कांजीवरम, और जो तू बोले,

वो सारी की सारी साड़िया तुझपर लुटा दूँ,

'गर तू कहें,
सूरज सिर चढ़ने तक तुझे सोने दूँ,
जब तू उठे तब तेरे सामने
मसाला चाय, और
पारले-जी के बिस्कुट रख दूँ,

'गर तू कहें,
तेरी आँखों में काजल,
तेरे पगों में पायल,
तेरे हाथों में मेहँदी,
औ तेरे माथे पर बिंदी,
हाथों में हरे कांच की चुड़िया,
हमेशा के लिए भर दूँ,

'गर तू कहें,
वो साँझ का सूरज,
वो पूनम का चंद्रमा,
और
आसमान के सारे सितारे,
तेरे लिए घर के आँगन में बिखेर दूँ,

'गर तू कहें,
चहचहाती वो मासूम गौरेय्या,
पिहु-पिहु करता वो पपीहा,
फुदकता हुआ प्यारा-सा खरगोश,

अटखेलियाँ करता हुआ हिरण,
तेरे खेलने के लिए, तेरे आस-पास ला दूँ,

'गर तू कहें,
सारे जहाँ की दौलत,
हीरे-मोती, सारे रत्न रत्न,
ज़ेवर-जवाहरात,
चाँदी-सोने में तुझे तौल दूँ,
दुनिया के सारे ऐशो-आराम,
सारे सुख-चैन,
तेरे हवाले कर दूँ,

'गर तू कहें,
करने के तो मैं सबकुछ कर दूँ,
जो तू कहे तेरे समक्ष रख दूँ,
जैसा तू कहे वैसा मैं कहूँ,
पर
मुझे भी पता है और
तुझे भी पता है,
तू कुछ माँगती नहीं है,
तू कुछ कहती नहीं है,
और ये सोचकर नहीं कि
मैं कर ना पाऊँगा,
मैं वो वस्तु ला ना पाऊँगा,
बल्कि
ये 'गर ऐसा कुछ करना शुरू कर दिया तो मैं
तुझसे रुक ना पाऊँगा,

तेरी ख़ुशी के लिए
काम ज़्यादा करूँगा और
तुझे समय कम दे पाऊँगा,
घर से बाहर ज्यादा रहूँगा,
थक जाऊँगा,
घर लौटते से ही जल्दी सो जाऊँगा।

फिर भी,
'गर तू कहें।

अधूरी मुलाक़ात

चलिए ना, फिर से मिलते है, पता है कि
कल ही मिले थे, पर
आपसे कुछ पहर दूर रहकर,
बरसों से नहीं मिले,
ऐसा लग रहा है,
कल की मुलाकात में काफ़ी बातें रह गयी थी,
कुछ पूरी हुई थी तो कुछ ख़्वाहिशें अधूरी-सी रह गई थी,
आपके होंठों पर मेरे होंठों की सरसराहट,
औ मेरे होंठों पर आपके होंठों की लाली रह गई थी,
कल की मुलाकात में काफ़ी बातें रह गयी थी,
कुछ पूरी हुई थी तो कुछ ख़्वाहिशें अधूरी-सी रह गई थी,
मेरी आँखों में आपकी गीली आँखों वाली तस्वीर,
औ आपकी आँखों में मेरे लिए बेक़रारी रह गई थी।

चलिए ना, फिर से मिलते है, पता है कि
कल ही मिले थे, पर आपसे कुछ पहर दूर रहकर,
बरसों से नहीं मिले,
ऐसा लग रहा है,
अधूरी मुलाक़ात लग रही है कि, याद नहीं आ रहा है वो
आपका हल्की-सी शर्माहट वाला चेहरा, जब मैंने आपको चूमा,

जब मैंने आपको छुआ,
उतने में वो गरजते बादल, और बदलता मौसम,
गड़गड़ाहट के साथ वो बिजली का चमकना,
आपका मेरी तरफ बढ़ना पर
फिर वो अधूरा सा आलिंगन,
एक दूजे में समाने की हड़बड़ाहट, और
फिर उस स्याह अँधेरे की अजीब-सी घबराहट,
कल की मुलाकात में काफ़ी कुछ इच्छाएँ रह गयी थी,
कुछ पूरी हुई थी तो कुछ अधूरी-सी रह गई थी,

कल की मुलाक़ात में वक़्त थमा ही नहीं,
वक़्त रुका ही नहीं,
पर
कुछ पलों की वो मुस्कुराहट,
आपकी वो आँखे बंद,
और अधरों की कपकपाहट,
एक छुपी-सी चाहत,
एक बुझी-सी मोहब्बत,
देखने और महसूस करने मिला बहुत कुछ,
पर रह गया जैसे कुछ हिसाब अधूरा,
चलिए ना, फिर से मिलते है,
फिर से उस पल को जीते है,
उस बेचैनी को चैन देते है,
उस "अधूरी मुलाक़ात" को पूरा करते है।

वो, बेख़बर

वो बचपन, बचपन कहाँ रह गया अगर
वो बिना यारों के गुज़रा,
ना खेला,
ना हँसा,
ना कूदा और
ना मचला,
अकेला ही रह गया वो पगला,
बचपन था, तेज़ी से बिता,
बहुत कुछ बीता, प्यार के लिए तरसा,
हर किसी से प्यार के लिए तरसा,
कई बार बस आँसुओं की बरखा,
अफ़सोस भी है और शिकायत भी, पर
किससे करूँ, मेरा प्यार भी एक-तरफ़ा।

चोरी-छिपे देखा करता था उसको,
कभी वो मुस्कुराती तो कभी इतराती,
था उसका बहुत नाज़-नखरा,
नज़रे जब टकराई तो कभी भी
नज़र ना मिलाई वो, मिलाती भी भला क्यों,
था ही क्या मैं,

बेतरतीब, अजीब, चश्मा, अकेला और
बिखरा-बिखरा,
गलती किसी की नहीं है,
उसको पता ही नहीं कि कैसा था मेरा बचपन,
कौन कौन मुझपर हाथ उठाया,
कौन कौन मुझको हाथ लगाया,
और मैंने भी कभी भी किसको कुछ नहीं बताया,

खैर, अरसे बीत गए है अब तो,
खबर रखता हूँ उसकी अभी भी,
पर उसको कुछ पता नहीं अभी भी,
औ मेरा प्यार है उसके लिए जस-का-तस,
भले ही एक तरफ़ा औ अधूरा,

उसका इंतज़ार तो करूँगा,
जब तक जीना पड़ेंगा,
भले ही सादा सा ब्याह,
ना बारात, ना ढोल-बाजा,
ना सिर पर सेहरा,
ज़िद्द नहीं है मेरी वो,
अभी तो जैसी थी वैसी भी नहीं है वो,
और
ये ख़्याल बस से मैं खुद ही खुद पर बरसा,
शायद,
कोई मेरे लिए बना ही नहीं,
था ही नहीं और
है भी नहीं,

दिल केवल उसके लिए धड़का और
मेरा पूरा जीवन उसकी राह में तरसा,
इन सारी बातों में से कुछ भी उसको पता नहीं,
उसको तो मैं भी पता नहीं,
फिर भी पागल जैसे मेरा प्यार,
भले ही फिर है वो एक तरफ़ा और
अधूरा,
भले ही फिर है वो एक तरफ़ा और
अधूरा।

मैय्या

वो नदी, नदी कहाँ रह गई,
जब वो विशाल सागर से जा मिली,
विशाल सागर से मिलने के पहले,
ना जाने कहाँ-कहाँ से गुज़री,
ना जाने क्या-क्या मुसीबतें झेली,
कहाँ से निकली, कहाँ चली,
स्वयं के ही दो छोर ना मिला पाई,
और अंत में सागर में विलीन हो चली,

कभी रुकी, कभी मुड़ी,
कभी उफ़ान में चली तो
कभी आराम से बह ली,
किसी ने कभी कंकड़ तो कभी बड़ा पत्थर मारा,
कलेजा तो उसका तब फटा जब
एक कटी-फटी, क्षत-विक्षत लाश उसमें से निकली,
कहीं कचरा डाला गया,
तो कहीं गंदी नाली,
मौका मिला तो उसको पूजा गया
जब समय साथ नहीं था उसके
तो पड़ी उसको गाली,

मन ही मन सोचा उस मैय्या ने,
सहते आई हूँ, सह रही हूँ,
आगे भी सह लूँगी,
मैय्या हूँ तुम्हारी,
जज़्ब कर लूँगी तुम्हारे सारे पाप,
धो दूँगी तुम्हारा मैल, माफ़ कर दूँगी मैं तुम्हे,
कुछ तो पाप मेरे भी होंगे,
मैं कौन सी हूँ दूध की धुली,

सबकी मंज़िल तय है, सो
मेरी भी है,
मैं तो निकली,
बह ली, जी ली, और
चलते चली,
नियति में मेरे, तय है सागर से मिलना,
कितना भी रोक लो,
कितना भी थाम लो,
कितना भी मोड़ लो,
मैं चलते चली,
तुम लोग उलझे पड़े हो पाप-पुण्य में,
तुम लोग पीछे पड़े हो धन-ऐश्वर्य के,
सबकुछ पीछे छूट जाएँगा,
केवल मृत्यु ही है सच एवं असली,
मैय्या को मैय्या समझ लो, उसको आदर दो,
उसको मान औ सन्मान से रखो,
इस दुनिया में जीवनदायी मैय्या के अलावा

सबकुछ है नकली,
उसके बिना ना होली,
ना दिवाली,
उसके बिना है सब कुछ
खाली-खाली।

आवाज़ उठाओ

क्यों सहन करते हो? क्यों बर्दाश्त करते हो? आवाज़ उठाओ,
सरकारें अगर निकम्मी है, और
खुद की तिजोरियाँ भर रही है,
सरकारें अगर नाकाम है, और
बहाने खोज रही है नाकामी के,
सड़कों में गड्ढे ज़्यादा है,
पूल ढह रहे है,
नाले सड़कों पर बह रहे है,
महँगाई हद से ऊपर है,
नौकरियाँ नहीं है,
व्यवसाय-धंधे ठप्प पड़े है
तो आवाज़ उठाओ।

क्यों सहन करते हो? क्यों बर्दाश्त करते हो? आवाज़ उठाओ,
मुफ्त की रेवड़ियाँ बँट रही है,
भ्रष्टाचार अपने चरम पर है,
विज्ञान के बदले अगर सरकार का
ध्यान धरम पर है,
बलात्कारियों, आतंकवादियों और
गुनहगारों पर सरकार का रवैया नरम पर है,

मुठ्ठीभर लोगों की आय,
ऐशो-आराम, और संपत्ति,
अपने परम पर है
तो आवाज़ उठाओ।

क्यों सहन करते हो? क्यों बर्दाश्त करते हो? आवाज़ उठाओ,
रक्षा, सुरक्षा, कानून, न्याय के नाम पर
सबकुछ हवा में है,
अस्पताल, शिक्षा, जल, ऊर्जा, एवं ज़रूरत की वस्तुएँ
दुआ में है,
उद्घाटन, घूमना-फिरना, चुनावी वादे
वाह-वाह में है,
प्रदुषण, धूल-मिट्टी,
लाखों-हज़ारों के रसायन दम में है
तो आवाज़ उठाओ।

क्यों सहन करते हो? क्यों बर्दाश्त करते हो? आवाज़ उठाओ,
जनसेवा के बदले सरकार की स्वयंसेवा शुरू है,
गली में, कूचे में, नगर में, शहर में,
राज्य में, देश में भूखा सो रहा कोई गुरु है,
हटाया जा रहा कोई वन, या पर्वत, या काटा जा रहा कोई तरु है,
अन्याय दिख रहा है, अत्याचार हो रहा है तो कोई ना कोई करू है,
कोई ना कोई कंस है, कोई ना कोई रावण है तो देख क्या रहे हो,
आवाज़ उठाओ।

क्यों सहन करते हो? क्यों बर्दाश्त करते हो? आवाज़ उठाओ,
अपने हक़ के लिए,

अपने अधिकार के लिए,
सच्चाई के लिए,
कमज़ोरों के लिए,
पाप के खिलाफ,
लालच के खिलाफ,
आवाज़ उठाओ।

क्यों सहन करते हो? क्यों बर्दाश्त करते हो? आवाज़ उठाओ।

हर-दम, हर-पल

कई दफा लगता है कि ये खुबसूरत लम्हा यही थम जाएँ,
ये सुनहरा मौका यही रुक जाएँ,
हम दोनों जो भी कर रहे थे, वो वही ठहर जाएँ,
आप और मैं एक-दूसरे में खो जाएँ,
एक-दूसरे में समा जाएँ,
कही दूर तारों-सितारों की अलग-थलग दुनिया में चले जाएँ,
ग़ुलाबों की नरम पंखुड़ियों पर सोएँ, और
बादल पर आराम फ़रमाएँ,
ना हो किसी की फ़िक्र, ना हो किसी की चिंता,
एक-दूसरे के दिलों की धड़कन सुने और सुनाएँ,
जब थक कर चूर हो जाएँ, तो एक-दूजे की
बाँहों में टूट कर अपनी थकान मिटाएँ,
दुनिया चाहे इधर की उधर हो जाएँ,
हमें ना कोई अलग करें,
हमें ना कोई जुदा करें,
ना ही हमें हमारी मीठी-गहरी-ख़्वाबों भरी नींद से जगाएँ,
हमने जब किसी को नहीं रुलाया तो
हमें भी कोई ना सताएँ।

कई दफा लगता है कि ये खुबसूरत लम्हा यही थम जाएँ,

ये सुनहरा मौका यही रुक जाएँ,
हम दोनों जो भी कर रहे थे, वो वही ठहर जाएँ,
आप और मैं एक-दूसरे में खो जाएँ,
आप सोमवार को पीली तो मंगलवार को केसरी,
हर दिन अलग, पोशाक या साड़ी पहनो,
मेरा जीवन रंग-बिरंगा हो जाएँ,
आपकी आँखों का काजल कभी ना बिखर पाएँ,
आपके माथे की बिंदी हमेशा टिमटिमाएँ,
आपकी पायल हमेशा छनछनाएँ,
आपकी केशलता कभी ना उलझ पाएँ,
आप हमेशा साजो-श्रृंगार के साथ सजे-धजे, और
हमें भी सजाएँ,
हरे काँच की चूड़ियों की खनखन करते हुए आप रोटला बनाएँ,
कुछ भी, कोई भी काम करते-करते
आप हिंदी-मराठी, नए -पुराने गाने गुनगुनाएँ।

कई दफा लगता है कि ये खुबसूरत लम्हा यही थम जाएँ,
ये सुनहरा मौका यही रुक जाएँ,
हम दोनों जो भी कर रहे थे, वो वही ठहर जाएँ,
आप और मैं एक-दूसरे में खो जाएँ,
आपके दिन की शुरुआत मैं अदरक-इलायची से सज्ज चाय से
कराऊँ,
चाय पीते-पीते सारे दिन का मंसूबा तय करें,
पर, चलो, पहले साथ में नहाएँ,
ये सुनकर आप शर्मा जाएँ,
आपकी नज़रें लाज से झुक जाएँ,
पर फिर, जल्दी-जल्दी नहाएँगे और

कोई बदमाशी नहीं इस
शर्त के साथ आप मान जाएँ,
आपके नहाने का पानी गरम नहीं,
लावा है ऐसा हम आप पर झल्लाएँ,
नज़रें उठाकर आप फिर हमें हल्का-सा धमकाएँ,
नहाना है तो नहाओ,
वरना आप बाहर जाएँ।

कई दफा लगता है कि ये खुबसूरत लम्हा यही थम जाएँ,
ये सुनहरा मौका यही रुक जाएँ,
हम दोनों जो भी कर रहे थे, वो वही ठहर जाएँ,
आप और मैं एक-दूसरे में खो जाएँ,
वो साथ में उठना, वो साथ में चाय पीना, सारे कामों में हाथ बँटाना,
साथ में खाना-पीना, साथ में सोना, बस ऐसे ही सारा वक़्त बिताएँ,
बिलकुल, बीच-बीच में थोड़ा-सा लड़ना-झगड़ना,
पर ज़्यादा-से-ज्यादा प्यार करना,
एक-दूसरे को चूमना, पकड़ना,
चलो फिर से एक-दूसरे से लिपट जाएँ,
जैसे-जैसे लिखते-लिखते आगे बढ़ा तो ऐसा लगा
वो हर पल,
वो हर दम,
वो हर लम्हा,
वो सब-कुछ वही थम जाएँ,
वही ठहर जाएँ,
वही रुक जाएँ।

स्त्री

जब तू दुखी है, जब तू दर्द में है तो मेरा आँचल
तेरे लिए पसरा हैं,
उस पल, उस समय मैं तेरी "माई" हूँ, क्योंकि
तू बहुत ज़्यादा बिखरा है,
जब तू उलझा है, परेशान है, मुश्किल में है
तो बात-चित के लिए मेरा मन ख़रा है,
तब मैं तेरी "ताई" हूँ क्योंकि
तेरा मन भारी है, तेरा मन लाल-हरा है,
मन का बोझ हल्का करने के लिए,
दिल की बातें बताने के लिए मेरा सारा
ध्यान, मेरा सारा समय तेरा है,
तू बोल तो सही, तू कह तो सही,
तू मुँह खोल तो सही, ये तेरी "दोस्त",
ये अदनी-सी शख़्सियत तेरी "यारा" है,
जब चाहे तब तेरी मर्ज़ी है,
तेरा पूरा हक़ है, मेरा ये मन,
तन, धन, सबकुछ तेरा है,
आख़िरकार तुम्हारी "अर्धांगिनी" हूँ,
ये जिस्म क्या है, मैंने तो अपनी ज़िन्दगी, अपनी रूह,
अपना दिल तुम पर हारा है,

कभी-कभार ज़िद करती हूँ, बच्चों जैसी बात करती हूँ,
जब तू खुश है, और मस्ती में नाच-गा रहा है,
उस समय मैं भी खुश हो जाती हूँ, ज़िद्दी हो जाती हूँ,
क्योंकि आखिर मेरा भी कुछ नाज़-औ-नखरा है,

मैं तो बहुत कुछ हूँ और
ना भी चाहूँ तो बना दी जाती हूँ, और
शिकवा-शिकायत नहीं है पर सवाल आ रहा है,
जब तू धूप में है तो मेरे केशों की घनी छाया तेरे ऊपर हैं, पर
जब मैं तप रही हूँ, लड़ रही हूँ तो मैंने
तुझे कहीं दूसरी ही ओर खड़ा पाया है,
जब तू चुप है, शांत है, बेचैन है तो
मेरे बदन को,
मेरे तन को
जकड़ता है,
मेरी ज़रुरत के वक़्त तू किसी और ही राह को पकड़ता है,
तेरे ग़ुस्से को, तेरी चिड़चिड़ को मैं हमेशा समझ कर लूँ, पर
मेरी बारी आने पर तू मुझसे लड़ता है, झगड़ता है,
गृहिणी हूँ, बरस के सारे दिन काम करती हूँ,
तन टूटता है,
मन फुटता है, और तू
आठ से पाँच की नौकरी पर इतना क्या अकड़ता है?
मैं पराए मर्द के बारे में ज़रा-सा भी मुँह खोलूँ तो तू चिढ़ता है, पर
मैं तुझे कुछ ना बोलूँ जब तू
हर गुज़रनेवाली को सिर से पैर तक ताड़ता है,
मुझे समय देने में,
मेरा मान-सन्मान रखने में,

मुझे लाड़-प्यार देने में,
मेरी ज़िद पूरी करने में तेरा इतना क्या बिगड़ता है?
या ये बता दें कि मेरी रक्षा करने के लिए तेरा "भाई" बनना,
मेरा लाड़ करने के लिए मेरे "पिताजी" बनना,
मेरा मान-सन्मान रखने के लिए "पति" बनना,
मेरा मन समझने के लिए मेरा "दोस्त" बनना,
"मर्द" बनने के अलावा ये चार रूप धारण करने का
कितना पड़ता है?

परदेस

मैं अकेला रहता हूँ, सारा वक़्त दीवार औ छत देखता हूँ,
खुद ही खुद से बहुत बात करता हूँ,
खुद ही खुद से बहुत मुलाकात करता हूँ,
कभी बीता हुआ कल, तो कभी आने वाला कल,
ये सबकुछ सोचकर अपना समय बर्बाद करता हूँ,
आज क्या करूँगा, अभी क्या करूँगा,
ये सोचने का प्रयास करता हूँ,
पर फिर
कब तक क्या-क्या अकेला करूँगा,
कब तक अकेला रह पाऊँगा, ये सोचकर डरता हूँ,
कुछ नहीं कर पाता हूँ, और फिर डरता फिरता हूँ,
ज़्यादा से ज़्यादा,
इच्छा हो जाएँ तो मसाले की चाय पीकर खुद को तर करता हूँ,
ना साथ में चाय की चुस्की लेनेवाला कोई, ना पास में बैठकर समय
बिताने वाला कोई,
रात की अकेली, अधूरी नींद, बहुत बार भरी दोपहर को भर-पुर करता
हूँ,
ना साथ में सोनेवाला कोई, ना नींद से जगाने वाला कोई।

मैं अकेला रहता हूँ, सारा वक़्त दीवार औ छत देखता हूँ,

एक छोटे-से रौशनदान से बाहर की सारी दुनिया देखता हूँ,
मृत इमारतों को ताकता हूँ,
तर्क को प्रेम से ऊपर रखकर, इस ज़ालिम दुनिया और
अदृश्य सरकारों के लिए थोड़े-से पैसे कमाता हूँ,
बच्चों की मासूमियत, और अर्धांगिनी का साथ छोड़कर,
सराब में वास्तविकता खोजता हूँ,
इस समाज ने हमें सिखाया ही गलत है,
असली और परम सुख को त्यागकर सुख के साधनों से सुख पा लूँगा,
मैं ये फ़ालतू बात सोचता हूँ, फिर
बेवजह जब कुछ पलों के लिए मुस्कुराना होता है तो
मैं अपने बचपन, अपने अल्हड़पन, अपना प्यार, और
अपने दोस्तों- मित्रों के साथ बिताया हुआ वक़्त याद करता हूँ,
कई दफा हार जाता हूँ, वापिस लौट जाऊँ, घर चला जाऊँ,
ये ख्याल ज़ेहन में हर बार आता हैं, हर बार सोचता हूँ
कि अपने देस चले जाता हूँ,
पर पैसों की कमी, एक अद्भुत श्राप "ग़रीबी", ये समाज का रूखापन,
ये एक पल में याद दिला जाता है, कि क्यों मैं परदेस में हूँ,
सभी को लगता है कि कितना नसीब वाला है ये, जो मैं "परदेस" में
रहता हूँ,
उनको नहीं पता कि ये अकेलापन कितना खाता है,
कितना तड़पड़ता है,
और अपने देस आने के लिए मैं कितना छटपटाता हूँ,
लौट भी जाऊँ मैं, पर
मेरे अपने ही मुझे खा लेंगे,
नज़र से उतार लेंगे,
हारा हुआ बोलेंगे,
पीठ पीछे हँसेंगे,

इसलिए
मैं अकेला रहता हूँ,
सारा वक़्त दीवार औ छत देखता हूँ।

आज़ादी

अपनी,
आँखें खोल तू, तू आज़ाद नहीं है,
आँखें खोल तू, तू आज़ाद नहीं है,
देख अपने आस-पास,
हर बात के लिए लंबी-सी कतार,
हर खरीद पर है लगान,
चहुँ ओर सरकारी हुक्म, निर्देश, कानून या फरमान,
दंड लगा तुझे जब तेरी कार में थे चार के जगह पाँच सवार,
कभी देखी है तूने बस या ट्रेन, जिसमें सवार होते है
पच्चीस के बदले पचास और
सौ के बदले हज़ार।

अपनी,
आँखें खोल तू, तू आज़ाद नहीं है,
आँखें खोल तू, तू आज़ाद नहीं है,
मंत्रियों के लिए, विशिष्ठ व्यक्तियों के लिए हमेशा से रोका गया है
आवागमन,
उन चंद घंटों की भीड़ में था कोई आहत या
बहुत बीमार,
मर गया वो और

तू सोचता है कि तूने चुना था ये महापौर, वो मुख्यमंत्री और
ये ज़ल्लाद सरकार,
कोई किसी का नहीं है,
ये भी वही ही है जो सालों पहले थे,
पहले मुग़ल सल्तनत और
फिर अंग्रेज़ सरकार।

अपनी,
आँखें खोल तू, तू आज़ाद नहीं है,
आँखें खोल तू, तू आज़ाद नहीं है,
तुझे क्या सभी को लगा कि सैंतालीस में हम
सब हुए बंधन मुक्त, और ये है हमारी सरकार,
ये लगाएँगी हमारा बेडा पार, ये है हमारी सरकार,
बहुत भारी, बहुत बड़ी भूल-चूक थी ये मेरी, तुम्हारी, और
हमारी,
हम बिल्कुल भी ना सीखे इतिहास से, और
ना ही हमें कोई सिखा पाया कोई भी इतिहासकार,
इतिहास भी तो वही लिख पाया है जिसकी ज़िंदा बच गई सरकार,
ना हम आज़ाद थे, ना हम आज़ाद है, ना हम आज़ाद होंगे,
क्योंकि
मज़बूत, बड़े और ताकतवर इंसान की प्रवृत्ति में ही है
कमज़ोरों को हराना, और छोटे पर उनका अधिकार।

अपनी,
आँखें खोल तू, तू आज़ाद नहीं है,
आँखें खोल तू, तू आज़ाद नहीं है,
सदियीं से चला आ रहा है, बड़ों का छोटों पर

हुक्म बजाना, मनुष्य जाति का मनुष्य जाति पर अत्याचार,
खासकर जब ये हो जाते है एक से दो, और
फिर दो से चार,
समस्त मानव जाति को चाहिए नियंत्रण,
एक अदृश्य ताकत,
अपने हाथ के नीचे ढेर सारे ग़ुलाम, नौकर-चाकर,
ये तो एक धोखा है कि तुम आज़ाद हों,
तुम जो चाहे वो कर सकते हों,
कुछ मुट्ठीभर लोग करते भी है, पर
फिर हो जाता है उनका अंतिम-संस्कार,
मिटा दिया जाता है उन्हें,
हटा दिया जाता है उन्हें रास्ते से,
जो भी आवाज़ बुलंद करता है,
अपने उसूलों पर चलता है,
अन्याय के खिलाफ बोलता है,
कर दिया जाता है उनको दरकिनार,
अपनी, आँखें खोल तू, तू आज़ाद नहीं है,
अभी भी वक़्त है,
आँखें खोल तू,
तू आज़ाद नहीं है,
आज़ाद नहीं है तू।

दिल बेचारा

काफ़ी नहीं है तेरा कंधा, तेरा सहारा,
काफ़ी नहीं है तेरा कंधा, तेरा सहारा,
ये मेरे लब जब सूखते है,
तेरे लबों के स्पर्श के लिए तड़पते है,
तू नहीं होती है करीब,
इन लबों की प्यास बुझाने के लिए,
फिर
एक-दो ज़ाम हो जाते है उस शाम, शराब के, मेरा ये दिल बेचारा।

काफ़ी नहीं है तेरा कंधा, तेरा सहारा,
काफ़ी नहीं है तेरा कंधा, तेरा सहारा,
ये बदन जब ठंड से ठिठुरता है,
तेरे तन की गर्माहट चाहता है,
उस पतली-सी चादर में मैं अकेला होता हूँ,
सोचता हूँ कि तू कहाँ है,
फिर
तेरी तलाश में और नींद के उड़ जाने से
धुआँ-धुआँ कर देता है, कश से, मेरा दिल बेचारा।

काफ़ी नहीं है तेरा कंधा, तेरा सहारा,

काफ़ी नहीं है तेरा कंधा, तेरा सहारा,
ये बात किस को बताऊँ, किसको समझाऊँ,
किसको जताऊँ, किसको बोलूँ,
तुझ से जुड़ा हुआ गम
तुझ ही पर कैसे चढ़ाऊँ।
फिर
लिख लेता है कागज़ पर,
पिरो लेता है दुःख के मणियों को धागे पर, ये मेरा दिल बेचारा।

काफ़ी नहीं है तेरा कंधा, तेरा सहारा,
काफ़ी नहीं है तेरा कंधा, तेरा सहारा,
सुकून की गरज़ होती है जब कभी, मन हार जाता है जब कभी,
तेरी जुस्त-जु तो होती है, पर
वक़्त लायक नहीं रहता,
फिर
मौसिक़ी में खुद को मशगूल कर लेता है, मेरा ये दिल बेचारा।

काफ़ी नहीं है तेरा कंधा, तेरा सहारा,
काफ़ी नहीं है तेरा कंधा, तेरा सहारा,
जानता हूँ कि तुझे भी मेरे इर्द-गिर्द रहना है,
मुझे सहना है,
मैं तेरे नखरे उठाऊँ, तू मुझे गले लगाएँ, तू रूठे और
मैं तुझे मनाऊँ,
पता है ये सब कुछ,
खबर है इस बात की, पर
फिर
इंतज़ार में है, और

इंतज़ार कर लेंगा,
मेरा ये दिल
बेसहारा,
मेरा ये दिल
बेचारा।

तू है... .. .. तो मैं हूँ

तू है तो मैं हूँ, तू है तो मैं हूँ,
तू है तो है ये समां, तू है तो है ये समां,
अच्छी लगती है ये छोटी-सी बगिया, और
उसके ये दो फूल,
तेरे बिना मेरा जीवन जैसे मरू, और
उसमें केवल रेत, उसमें केवल धूल-ही-धूल,
ख़ुदकुशी की कामना, मर जाने की इच्छा,
जैसे जीवन में करी थी कोई अक्षम्य और
बहुत बड़ी भूल।

तू है तो मैं हूँ, तू है तो मैं हूँ,
तू है तो है ये समां, तू है तो है ये समां,
माना,
मेरे साथ, तू पूरी नहीं है, नहीं है तू मेरे साथ अधूरी,
एकांत में हूँ मैं, पर अकेला नहीं,
इस अनोखे रिश्ते में कोई बंधन भी तो नहीं ज़रूरी,
नातमाम इच्छाएं है, कामनाएं है, पर किसकी हुई है वो पूरी?

तू है तो मैं हूँ, तू है तो मैं हूँ,
तू है तो है ये समां, तू है तो है ये समां,

तेरे बिना मैं या मेरा कोई वज़ूद नहीं है,
हाँ, ये रिश्ता,
यतीम-बेनाम है,
इसके बावज़ूद ये सही है,
तू मेरा भला,
मैं तेरा भला, बस यही सोचते रहते है, बस, फिर,
बात तो वही है।

तू है तो मैं हूँ, तू है तो मैं हूँ,
तू है तो है ये समां, तू है तो है ये समां,
तुझसे पता चली है अंदरूनी ख़ूबसूरती, मन की सुंदरता,
जो कभी ना दिखा पाए कोई आईना या दुनिया का कोई भी दर्पण,
किसी भी रिश्ते को निभाने में,
लगता है साफ़-सुथरा दिल औ ढेर सारा समर्पण,
कर्ज़दार हूँ तेरा, और हमेशा रहूँगा,
ये आत्मा, ये शरीर, और मेरा सबकुछ
तेरे चरणों में अर्पण।

तू है तो मैं हूँ, तू है तो मैं हूँ,
तू है तो है ये समां, तू है तो है ये समां,
तेरा मुझसे अलग होना, जुदा होना है मुझे
नामंज़ूर,
पर कभी ऐसा हुआ तो मैं समझा लूँगा,
समझ लूँगा कि तू है किसी वजह से मज़बूर,
फिर भी रुकूँगा,
तेरी आखिरी झलक के लिए,
होने से पहले धूर-धूर,

फिर भी सोचूँगा,
तेरे बारे में,
होने से पहले चूर-चूर,
फिर भी जियूँगा,
तेरे लिए, तेरे इंतज़ार में,
होने से पहले चकनाचूर,
तू है मेरा ग़ुरूर,
तू है तो मैं हूँ,
तू है तो मैं हूँ,
तू है तो है ये समां,
तू है तो है ये समां,
तू है तो मैं हूँ,
तू है तो मैं हूँ,
तू है मेरा ग़ुरूर।

वृद्धिमान

परत-दर-परत मैं अब बदल रहा हूँ,
शायद मैं अब संभल रहा हूँ,
अब समझ आता हैं कि क्यों पिताजी बरसात में
एक ही छाता मेरे सिर पर रखते थे,
खुद को भीगाते थे, खुद को तर-ब-तर करते थे, और
मुझे बारिश से बचाते थे,
घर पर पहुँचने पर माँ की डाँट खाते थे, और
मेरी तरफ देखकर हल्का-सा मुस्कुराते थे,
माँ भी झट से सूखा तौलिया पहले मुझे देती थी,
सूखे को और सूखा करने के लिए,
जाते-जाते बोलती थी तेरा होने के बाद तौलिया
पापा का दे देना,
ऐसा नहीं था कि माँ को पापा की चिंता नहीं थी,
वो तो अदरक-इलायची की चाय बनाने भीतर रसोईघर जाती थी।

परत-दर-परत मैं अब बदल रहा हूँ,
शायद मैं अब संभल रहा हूँ,
कितनी ही बार मेरी पढ़ाई का खर्च, घर का खर्च,
ऐसी बातों पर दोनों बहस किया करते थे ,
मुझे देखते ही उस विषय को छोड़ कुछ और

विषय पर बात शुरू कर मुझे अपने बाँहो में जकड लेते थे,
अब समझ आता है कि क्यों माँ सबसे आखिरी में
बचा-कुचा खाना खाती थी और
पापा केवल दो रोटी खाकर अपनी भूख शांत कर लेते थे,
और मैं केवल पाँच रोटी खा रहा हूँ ये देखकर तू
क्यों कम खा रहा है, दुबला हो गया मेरा लाल, मेरा बेटा,
ऐसी बातें कहते थे,
जब भी, कोई भी,
बाजार जाता था तो फल या मिठाई या टॉफ़ी ज़रूर लाता था,
खुद की सारी इच्छाओं को दबाते थे, पर
मुझे खाता देख
बेहद खुश हो जाते थे,
पापा के खुद के मोज़े भले ही फट जाए,
उनके खुद के जूते भले ही घिस जाए,
पर मेरी किसी भी फ़रमाइश पर कभी भी,
कोई भी, दोनों में से,
मुँह नहीं बनाते थे।

परत-दर-परत मैं अब बदल रहा हूँ,
शायद मैं अब संभल रहा हूँ,
अब मैं बड़ा हो गया हूँ, मैं वो हर चीज़
जो बदल सकता हूँ, वो बदल रहा हूँ,
जिस लाड़-प्यार से मुझे पाला गया था, ठीक वैसे ही
मैं भी अपने माँ-पापा को आनेवाला कल दे रहा हूँ,
जो संस्कार मुझे दिए गए है,
जो सही राह मुझे दिखाई गई है,
उसी राह पर चल रहा हूँ,

मदद माँगने से नहीं कतराता मैं,
जब भी सहारे की ज़रूरत हैं मैं मांग रहा हूँ,
खासकर जब मैं इस दुनिया की चकाचौंध,
इस दिखावटी-बनावटी सड़क पर फिसलता हूँ,
इतना भी बड़ा नहीं हुआ हूँ मैं, और
ना हो सकता हूँ कभी भी,
अभी भी मैं अपने माता-पिता के ही
साये में पल रहा हूँ,
लोग चाहे जो कहे, ये जग चाहें हँसे,
दुनिया चाहे मज़ाक उड़ाये मेरा,
जिन पावन आत्माओं ने मेरे कल के लिए
अपना आज गँवा दिया,
उनको मैं
उनकी मेहनत का,
उनको सब्र का,
फल दे रहा हूँ।